动物王国

DONGWU WANGGUO

央美阳光 / 绘编

化学工业出版社

·北京·

图书在版编目（CIP）数据

童眼识天下百问百答. 动物王国/央美阳光绘编.
—北京：化学工业出版社，2019.10（2024.7 重印）
ISBN 978-7-122-34900-2

Ⅰ.①童… Ⅱ.①央… Ⅲ.①科学知识-儿童读物
②动物-儿童读物 Ⅳ.①Z228.1②Q95-49

中国版本图书馆CIP数据核字（2019）第147474号

责任编辑：王思慧　谢　娣　　　　　　　　　　封面设计：史利平
责任校对：边　涛

出版发行：化学工业出版社（北京市东城区青年湖南街13号　邮政编码100011）
印　　装：北京建宏印刷有限公司
889mm×1194mm　1/20　印张4　2024年7月北京第1版第5次印刷

购书咨询：010-64518888　　售后服务：010-64518899
网　　址：http://www.cip.com.cn
凡购买本书，如有缺损质量问题，本社销售中心负责调换。

定　　价：25.00元　　　　　　　　　　　　　　版权所有　违者必究

大眼睛，转啊转，我们的世界真奇妙！不仅多姿多彩的大自然有秘密，神秘莫测的宇宙有故事，就连生活中的衣食住行也蕴含着很多大道理呢。亲爱的小朋友，面对这个新奇的世界，你的脑海里是不是常常会冒出很多疑问："它们究竟有什么奥秘呢？"别着急，《童眼识天下百问百答》来帮你啦！有了这把神奇的钥匙，很多问题会迎刃而解。

《童眼识天下百问百答》里有许多有趣的"为什么"，还有上千幅精美的手绘彩图。它将带你畅游知识的海洋，让你足不出户就能拥抱星球，亲近自然，了解鸟兽鱼虫、花草树木以及衣食住行的神奇奥秘。还等什么？快跟着《童眼识天下百问百答》一起去广阔的科学世界走一走、看一看吧！相信在这次旅程过后，你就会成为科学"小百事通"啦！

广袤无垠的陆地上，生活着许多小动物，小朋友，你想不想更深入地了解它们？欢迎加入"动物王国"的探究之旅！你会了解很多关于动物生存的秘密，找到许多困扰你的问题的答案：长颈鹿的脖子为什么那么长？蝙蝠为什么倒挂着睡觉？猪为什么很爱睡懒觉？……快打开你的知识行囊，我们一同走进妙趣横生的动物王国，开启一段热闹非凡的探索之旅吧！

目录 mu lu

不怕冷，不怕热

农场中的动物们

鸟儿天上飞

住在森林里

　　森林除了高大的树木、嫩绿的小草、美丽的花朵以外，还生活着许多"居民"。它们有的可爱，有的活泼，有的威严，有的帅气……小朋友，你想认识并了解这些"居民"吗？想和它们交朋友吗？那就跟我们一起行动吧！

老虎身上的条纹有什么用处?

老虎喜欢在黄昏时外出捕猎。在夕阳照射下,它们身上的条纹与周围植物混在一起,不易分辨。这有利于老虎隐蔽接近猎物,提高其捕猎的成功率。因此,老虎身上的条纹是一种保护色。

狐狸真的很坏吗？

在许多童话故事里，狐狸总扮演着"坏人"的角色，它们不仅欺负那些善良、弱小的动物，还敢耍弄老虎、豹子等猛兽。因此，在人们眼里，狐狸就成了狡猾的"坏家伙"。实际上，狐狸的主要食物是老鼠和农田害虫，只是偶尔会闯入村庄偷家禽，其本来面目和故事中的"坏"形象有很大的不同。

树懒到底有多懒呢？

　　树懒实在太懒了，它们几乎一生都吊在树梢上，在树上睡觉、吃饭、生宝宝……一个月大概只有一两次到地面"上厕所"。有时候，它们懒得寻找食物，懒得下树玩耍，就算被敌人追赶，情况十分危急，它们也若无其事地、慢吞吞地爬着。

树懒为什么很少到地面上？

　　树懒以树为家，是有名的"懒虫"。其实，树懒这么懒是被逼无奈的。它们虽然有脚，却不能行走，只能用前肢拖动身体前行，行动起来十分费劲，而且地面上的敌人很多，一旦被袭击，将无法逃脱。还有，树懒喜欢吃的食物——树叶、嫩芽和果实也在树上。因此，它们更愿意平平安安地待在树上，而不愿来地面冒险。当然，"上厕所"除外！

为什么树懒的毛看起来是绿色的?

　　人们看到的树懒的毛是绿色的,其实,它们的毛真正的颜色是褐色。由于树懒常待在树上,许多藻类便附着到了它们的身上,还在它们潮湿的毛上生长起来,因此树懒的毛看起来就变成绿色的了。

　　绿色的毛对于整天生活在树上的树懒来说真是合适极了,绿色的身体成了天然的伪装,这样它们就很难被敌人发现了。

树袋熊是熊吗？

树袋熊生活在澳大利亚，是一种非常可爱、温顺的动物。它们经常安静地坐在树上，就像乖巧的毛绒玩具。虽然树袋熊的名字中有个"熊"字，但树袋熊却不是熊。熊属于食肉目，而树袋熊属于有袋目。

其实，树袋熊是袋鼠的"近亲"。雌树袋熊的肚子上有"育儿袋"，小树袋熊出生后，会爬进妈妈的育儿袋，吮吸乳汁，直到八九个月大才离开。

浣熊爱洗东西是因为爱干净吗?

　　小朋友,你知道"浣"字是什么意思吗?没错,就是"洗"的意思。浣熊吃东西前喜欢把食物放到水里洗一洗,不管水是不是比食物还要脏。因为浣熊爱洗东西,人们就给它们起了这个名字。其实,它们这样做并不是因为爱干净,而只是天性使然。

大猩猩为什么
要捶打自己的身体？

瞧，一只大猩猩正在用力捶打自己的胸脯，还嗷嗷地吼叫着，那样子真是吓人。原来，它是在向对手示威呢！它好像在说："我很强大！我很厉害！"

其实，大猩猩捶打自己，只是想吓唬对方，并不是真想打架哟。

为什么猴子喜欢相互挠痒痒？

　　几只猴子聚在一起，你挠挠我，我挠挠你，真是有趣。其实，猴子这是在找盐吃。猴子平时吃的食物含盐量很少，满足不了身体需要。它们身上的汗水蒸发后会结出小盐粒，它们就在彼此身上找盐粒吃，以补充身体需要。

大熊猫喜欢吃什么？

大熊猫真是太可爱了，黑黑的眼圈、圆圆的脑袋和短短的四肢，看起来憨态可掬特别萌。大熊猫最喜欢吃的食物就是嫩嫩的竹子和竹笋。除了竹子，大熊猫还喜欢吃肉，如果看见了竹鼠，会追过去一巴掌把竹鼠打死，然后美美地饱餐一顿。因为每天吃饱了就睡，睡醒了又吃，所以大熊猫总是胖乎乎的。

熊猫宝宝长得像
自己的爸爸、妈妈吗？

　　小孩刚出生时，人们总会说："啊，长得真像妈妈！""不，很像爸爸啊！"可是，刚出生的熊猫宝宝长得一点儿也不像自己的爸爸、妈妈。它们的个头很小，身体是粉红色的，长着稀疏的白毛，很像一只小老鼠。长到 4 个月时，这些小家伙的外表才会变得和爸爸、妈妈差不多。

熊什么时候会直立起身体？

在动物王国里，大部分动物是用四肢行走的，如马、狮子、长颈鹿、大象等。但是，看似笨重的熊不仅能站立，还能快速地站立行走，实在令人吃惊。熊生气或受到威胁时会站立起来，好像在说："别惹我！我很厉害！"当然，它们还会在袭击别的动物时站立起来，以便快速地扑向猎物。

为什么刺猬身上长满了刺?

　　动物几乎都有保护自己的武器，如牙齿、爪子、毒液、坚硬的壳等。刺猬为了保护自己，身上长满了刺，只有腹部长有软毛。其实，这些刺也是一种"毛发"，只是摸上去比较尖利。遇到危险时，刺猬就会把头部和尾部相连，蜷缩成一个刺球，敌人若这时来进攻，就会无处下嘴，或被刺出一个又一个窟窿，大部分敌人只能扫兴地离开。

13

狼为什么总在夜间嚎叫?

  狼是一种群居动物。白天，它们躲藏起来休息，等到夜里，一只只饥饿的狼就会成群结队地出来寻找食物。狼群是通过声音来传递信息的：狼王会用嚎叫声发布命令，公狼用嚎叫声寻找配偶，母狼用嚎叫声呼唤小狼……正因为这种生活习性和特点，狼才会在夜里嚎叫。

为什么狼的眼睛在夜晚会发光？

狼的视力非常出色，即使在漆黑的夜里，它们也能看清周围的情况。这是因为，狼的眼睛底部有很多特殊的晶点，这些晶点有很强的反射光线的能力，可以增强狼的夜视能力。狼在夜间活动时，眼睛里的晶点还可以把周围非常微弱的、分散的光线收拢，聚合成一束，然后集中反射出去，看起来好像是狼的眼睛能放出可怕的黄绿色光来。

15

蝙蝠为什么倒挂着睡觉？

　　人躺着睡觉，狗狗卧着睡觉，马儿站着睡觉……为什么蝙蝠偏偏要倒挂在树枝上或岩洞顶上睡觉呢？那样不难受吗？唉，这也是没有办法的事情。蝙蝠的后脚又短又小，还和翼膜连在一起。蝙蝠一落到地上就会趴下，无法站立和行走，更无法展开又宽又大的翼膜，如果这时敌人来袭，会非常危险。因此，蝙蝠只能用后肢钩住树枝或岩石倒挂着睡觉了。这样，一旦发现敌情，它们就能迅速地张开翼膜起飞逃离，又快又安全。

蝙蝠家族中，哪种蝙蝠最大？

蝙蝠家族中，有一种脸长得像狐狸的蝙蝠，叫"狐蝠"。其中，有一种名叫马来大狐蝠，可以说是蝙蝠家族中最大的成员，它们的双翼展开后能有180厘米宽。白天，狐蝠成群地倒挂在大树枝上；晚上，它们会外出觅食野果、花蕊。

蝙蝠属于哪类动物？

蝙蝠虽然有皮翼是飞行"健将"，但并不属于鸟类。蝙蝠体表没有羽毛，口内有牙齿，最重要的是它们的繁殖方式是胎生哺乳。这些都是哺乳动物的基本特征。

17

为什么蛇喜欢吐舌头？

蛇的视力普遍很差，不利于捕捉猎物。不过，它们的舌头却很灵敏。蛇伸出舌头就能从空气中获取一些微粒，微粒被舌头带回口中，口腔里的感知神经将信息传递给大脑，大脑就能确定猎物的位置了。就算被蛇咬伤的动物逃走了，蛇也可以利用舌头及时追踪。

如果蛇的分叉舌尖被剪掉，它们就无法跟踪气味，也无法顺利捕猎了。

蛇没有脚，
为什么还能快速地爬行？

蛇没有脚，却能在草丛中快速爬行。这是为什么呢？原来，蛇的身上长满了又大又结实的鳞片。蛇波浪式前进时，鳞片与粗糙的地面摩擦产生的反作用力就会推动蛇的身体向前移动。如果把蛇放在光滑的玻璃上，它们就寸步难行了，不过在自然界也很少有像玻璃那样光滑的地面。

小蜗牛为什么要背着重重的壳？

　　蜗牛无论去哪里都会背着重重的壳，它们难道不累吗？其实，蜗牛的壳用处可大了！蜗牛是一种软体动物，遇到敌害时，背上的壳就成了它们的天然藏身地。而且，蜗牛很怕太阳，壳可以当它们的"遮阳伞"。冬眠时，蜗牛也不用费尽心思找地方，只要缩进壳里就行啦！瞧，笨重的壳就像一座可移动的房子，对蜗牛来说是不是很重要呀？

孔雀会飞吗？

孔雀虽然长着大翅膀，却无法像大多数鸟儿那样直接起飞，每次起飞前都需要助跑一段距离。孔雀飞行高度不高，距离也不远，飞行时显得十分笨拙。幸好它们生活的地区比较温暖，冬季不需要迁徙，就算失去飞行能力，它们也能快乐地生活。

孔雀为什么会开屏？

在孔雀家族中，雌孔雀长得其貌不扬，雄孔雀反而长得非常漂亮，还有华丽的尾羽。每年到了孔雀的繁殖期，雄孔雀的身体里会分泌出一种性激素。这种激素刺激着雄孔雀展开自己绚烂夺目的尾屏，它们有的大摇大摆地走着，有的还会做出各种各样的动作，纷纷向心爱的雌孔雀炫耀，好像在说："我很帅气，也很善良，我们在一起吧！"

这就是孔雀开屏的秘密，它们是在求偶呢！繁殖季结束后，雄孔雀会慢慢停止开屏。

20

广阔的草原我的家

　　欢迎来到大草原！这里是地球上分布最广的生态系统。当然，有趣的动物在这里随处可见，贪婪的鬣狗，威风的狮子，高大的大象，健壮的河马……怎么样？小朋友们是不是已经迫不及待地想要了解这些草原动物了？那就赶快出发吧！

非洲雄狮为什么被称为"懒汉"？

别看雄狮长得很有气势，但它们每天不是趴在草丛里晒太阳，就是在悠闲地散步，很少去寻找食物，也不会照看幼狮，家庭重任大多由雌狮默默承担，因此人们称雄狮"懒汉"。不过，雄狮这样做也是有原因的。它们脖子上长有鬃毛，体形也较大，捕食成功概率不高；但雌狮皮毛光滑，动作灵活，可以匍匐前进，能给猎物们出其不意的攻击。而且，雄狮并不是真的只是在草丛中休息和散步，它们是在守卫和巡视狮群的领地。

猎豹为什么被称为"短跑冠军"？

猎豹是动物王国里的"短跑王"，短距离赛跑，谁都不是它们的对手。猎豹在广阔的大草原上奔跑时犹如飞驰的汽车。

猎豹跑得快，这和它们独特的身体结构有关。首先，猎豹的身体呈流线型，腰身细长，四肢发达，爪子上还有厚厚的肉垫，很适合快速奔跑；其次，猎豹的心脏很有力，肺活量很大，它们在奔跑中能够得到充足的氧气；最后，猎豹的长尾巴就像船舵，可以帮助猎豹在快速奔跑中平衡身体。瞧，这样完美的"装备"，想跑不快都难啊！

24

猎豹跑得很快，
为什么有时候却追不上羚羊？

猎豹虽然奔跑速度快，但飞驰的时间持续较短，否则会因为体温过高而虚脱。猎豹如果不能在短时间内追捕到猎物就会垂头丧气，放弃追击。而羚羊耐力很强，如果一只羚羊不想成为猎豹的大餐，只要拼命逃跑，并不时地改变方向，坚持一段时间，就可能逃过这一劫。

为什么斑马身上有一道道的条纹？

斑马生活在非洲，它们身上那黑白条纹，十分引人注目。黑白条纹是斑马家族在生存过程中逐渐演变来的。

斑马虽然跑得快，但很难从狮子、鬣狗的追杀中脱逃。慢慢地，斑马就在身上长出了黑色和白色的条纹。一群斑马聚集在一起站着不动时，大片的黑白条纹让捕猎者很难把它们区分开来，无法确定具体的攻击目标。除此之外，斑马身上的黑白条纹，还能帮助它们避免马蝇的叮咬。斑马家族将这种利于生存的"保护色"一代一代地传下来，成为了它们独特的标志！

为什么斑马喜欢和长颈鹿在一起？

斑马喜欢过集体生活，每群斑马都有负责放哨的"哨兵"。一旦发现危险，"哨兵"就会发出警报，其他成员听到后会立即逃跑。有时候，斑马还喜欢和长颈鹿待在一起。长颈鹿的个子很高，看得远，能及早发现悄悄靠近的猛兽，斑马也能跟随长颈鹿早早地逃走。

长颈鹿的脖子为什么那么长？

很久以前，长颈鹿的祖先生活在干旱地区，那里没有充足的青草。长颈鹿为了填饱肚子，便努力地撑直双腿，伸长脖子，够着去吃树上的叶子。慢慢地，长颈鹿的脖子变得越来越长。

河马是潜水高手吗？

　　河马有游泳的本领，潜水也是它们的"拿手好戏"。河马的鼻子、耳朵和眼睛都长在头顶，在水中只需把头仰起就能呼吸到新鲜的空气。河马有时能在水里待上几个钟头，人们误以为它们能长时间潜水，其实，河马真正潜在水里的时间也不过五分钟。

河马的皮肤为什么不会被晒伤？

　　河马生活在热带草原，粗壮的身体使它们看起来笨笨的，但其实它们非常聪明。天气太热时，它们把圆墩墩的身体浸泡在水中；天气凉快时，它们就上岸晒太阳。河马的皮肤能分泌出一种红色液体，在身上形成一层保护膜，这既能防止体内的水分蒸发，又能防御阳光对皮肤的强烈照射，因此河马很少被晒伤。

犀牛为什么爱在身上涂泥浆？

犀牛不会流汗，它们只能依靠外部的环境来调节体温。犀牛喜欢把身体浸泡在泥浆里，泥浆干了以后，犀牛就穿上了"泥巴外衣"。"泥巴外衣"既可以帮它们抵挡烈日，还能保护它们的皮肤不被昆虫叮咬。

犀牛角有什么秘密？

弯曲的大角是犀牛家族的独特标志。犀牛角非常坚硬，是犀牛最厉害的武器。犀牛角是从皮肤里长出来的，并不属于骨骼的一部分，即便折断也可能再生。犀牛死后，它们的角也会渐渐消失。

为什么不要轻易招惹犀牛？

犀牛家族主要有白犀牛、印度犀牛、苏门答腊犀牛、爪哇犀牛和黑犀牛5种成员。它们大部分性情温顺，不会主动攻击人类，有的甚至还很胆小，常常隐藏起来。不过，它们遇到危险情况时就会变得异常凶猛。这些成员中，黑犀牛的脾气最坏、战斗力最强，它们发起怒来甚至会直接撞向敌人。因为视力不佳，暴躁的黑犀牛有时候还敢冲撞飞驰的火车。

为什么大象用鼻子吸水却不会被呛着？

　　人类如果用鼻子吸水很容易被呛着，这是因为水进入了人的气管。可是，大象却偏偏用鼻子喝水，是不是很奇怪呢？原来，大象的气管和食道是相通的，在鼻腔连接食道的上方，有块会自动开关的软骨。当大象用鼻子吸水时，软骨就会自动盖住气管，被吸入的水就只能进入食道。大象将吸进的水喷出时，软骨又会自动打开，以使大象正常呼吸。

大象会游泳吗？

大象会游泳，虽然它们一般不在深水里游，但它们可不是不会游泳的"旱鸭子"。据说，大象能连续游几个小时。长距离游泳时，大象会排成"一"字形，把前腿搭在前面的大象背上，只用后腿划水，那些强壮的大象会轮流打头阵。

大象的长鼻子有什么用处？

大象的生活离不开长鼻子，呼吸、喝水、闻气味、洗澡、搬运货物等都需要长鼻子。有时，大象会用鼻子来探路；遇到危险或生气时，长鼻子就是大象的武器；在象群中，大象还用长鼻子交流。因此，大象的长鼻子实在是太全能了！

小袋鼠为什么要在育儿袋里生活?

小袋鼠刚出生时,只有 3 厘米长,眼睛闭着,嘴巴像小"窟窿",尾巴和后肢就像小草棍。它们太弱小了,必须在妈妈的育儿袋里生活一段时间。在育儿袋里的小袋鼠凭着感觉能够准确地找到妈妈的乳头,在母乳的滋养下,它们很快睁开了眼睛,长出了茸毛,后肢和尾巴也慢慢发育完全。过一段时间,它们会把头从育儿袋里探出来,好奇地打量外面的世界,有时还会跳到地面玩耍。

大约 6 个月后,育儿袋装不下小袋鼠了,它们才会开始到外面独立生活。

袋鼠会打架吗?

袋鼠属于群居动物,经常聚集在一起,让猎食者不敢轻易靠近。不过,看似团结的袋鼠为了争夺家族地位和交配权也会爆发内部战争。两只袋鼠争斗时,会以粗壮的尾巴为支点站立起来,"手脚并用",全力厮杀,甚至会用后腿狠踢对方。

不怕冷，不怕热

　　许多动物对环境的适应能力很强。像憨态可掬的企鹅，威猛雄壮的北极熊，温暾顺从的骆驼……这些动物不管是在酷热的沙漠，又或者在寒冷的极地，全都好好地生存了下来。这让我们不得不感叹生命的神奇。不过，也正是这些动物给那些极端的环境添加了勃勃生机。

企鹅夫妻怎样在冰雪世界里孵宝宝?

　　每年,企鹅夫妇都会在一个地方团聚,一起筑巢,准备生宝宝。企鹅妈妈产下卵,把卵交给企鹅爸爸后,就去海洋里寻找食物了。企鹅爸爸将卵放在脚上,用腹部的皮肤将卵盖住。不管白天黑夜,刮风下雪,企鹅爸爸总是坚强地站立着,不吃不喝,直到两个月后,企鹅宝宝破壳而出。

　　小企鹅出生后,吃得肥肥胖胖的企鹅妈妈终于回来了,妈妈将嘴里的食物喂给小企鹅,并接替企鹅爸爸照顾企鹅宝宝。这时,企鹅爸爸拖着疲惫又瘦弱的身体向海洋走去,爸爸终于可以吃顿饭,补充体力了。

企鹅为什么不怕冷？

　　南极位于地球的最南端，那里冰天雪地，非常寒冷。企鹅就生活在南极。幸好，企鹅的羽毛又厚又密，不仅能保暖，还能防水。它们的羽毛里面还有一层绒毛，绒毛在白天吸收太阳光的热量，并将热量存储起来，等到晚上就不断地将热量输送到企鹅的体内。而且，企鹅的脂肪较厚，能够防止身体热量散失。正是因为有了这些特殊"装备"，企鹅才能在寒冷的南极生活下来。

海象的长獠牙有什么用处呢？

海象的獠牙十分厉害。有时，海象用獠牙啄开坚硬的贝壳；有时，海象用獠牙和凶猛的虎鲸展开激烈搏斗；有时，海象用獠牙凿开冰洞，大口大口地呼吸新鲜空气。挖掘食物、抗击敌手……除此之外，海象的四肢呈鳍状，因此，它们还需要靠后鳍和獠牙的共同作用才能在陆地和冰块上行动。獠牙是海象不可或缺的工具和武器。

海象为什么会变色？

海象的身体会变色。在陆地上，海象的血管受热膨胀，皮肤就会变成棕红色；入水后，海象的身体受冰冷的海水刺激，血管冷缩，皮肤就会变成白色。

为什么说海象是非常善良的动物？

在大海中，一只海象如果受伤了，其他海象就会去救助，甚至不考虑自身的安全。有些人竟然利用海象的同情心，用一只受伤的海象做诱饵，抓捕整群海象，真是残忍。

麝牛为什么不是牛？

麝牛是一种生活在北极的食草动物。它们的外形乍看像牛，但并不是牛。麝牛的尾巴短小，像羊的尾巴，而且犄角是从头顶长出来的，牙齿也与羊的差不多。麝牛其实是一种牛和羊之间的过渡物种。

麝牛用什么办法抵御北极狼？

麝牛性情温顺，它们最大的敌人是北极狼。每当北极狼来袭时，麝牛会立刻聚集在一起，把幼小的、老弱的麝牛围在中间，摆出一个圆形阵，用钢叉般坚硬的犄角面对敌人，共同抵抗北极狼。

北极狼一旦进攻，就会被麝牛的犄角顶飞出去，团结一心的麝牛常常能战胜北极狼。

麝牛厚厚的毛有什么用处？

麝牛全身披挂着厚厚的毛，可以帮助它们抵御严寒，使它们不会被冻伤、冻死。不过，厚厚的毛也会给麝牛带来麻烦。如果突然下一场大雨，冷风一吹，麝牛身上很快会结出厚厚的冰层，它们一个个都变成了"冰坨子"，动也不能动，看起来十分狼狈。

42

骆驼为什么能在沙漠生活？

沙漠里干旱少雨，植物十分稀少，可是，骆驼却征服了沙漠，还被人们称赞为"沙漠之舟"。其实，这和骆驼独特的身体结构有关。骆驼的睫毛很长，耳朵里也长满了毛，鼻子可以自由关闭，这些都能防止风沙进入它们的身体。同时，骆驼的脚掌扁平，脚底还有厚厚的肉垫子，行走时就不会陷进沙子里。而且，骆驼的驼峰里贮存着很多脂肪，当骆驼找不到食物时，它们依靠这些脂肪也可以活一个月左右。

为什么骆驼可以好几天不喝水？

骆驼特别耐饥渴，它们可以不吃不喝地在沙漠里行走十几天。原来，骆驼的胃里有许多瓶子一样的小泡泡——"水囊"。骆驼将水贮存在"水囊"里，以备口渴时饮用。而且，骆驼的两座驼峰可以储存一些脂肪，必要时这些脂肪也可以转变成水和能量，以维持骆驼的生命活动。

鸵鸟为什么不会飞翔？

鸟儿会飞，主要有 3 个条件：轻巧灵活的身体、光滑的羽毛、独特的肺部。而鸵鸟呢，一只成年鸵鸟高约 2 米，重约 100 千克，想把这么沉重的身体升到空中，实在太困难了。而且，鸵鸟无法分泌油脂来润滑羽毛，也没有独特的肺部，因此它们虽然属于鸟类，却无法飞行。

鸵鸟为什么喜欢把脖子贴在地上？

鸵鸟把脖子贴在地面上可以听到远处的声音，一旦发觉敌人来袭，就可以及时躲避。而且，鸵鸟还能用这个方法进行伪装。鸵鸟那暗色的羽毛，使它们看起来很像大岩石，敌人很难发现它们。

44

农场中的动物们

　　"喔喔喔⋯⋯"伴随着大公鸡的打鸣声，整座农场"活"了过来。小猪们发出"呼噜噜"的声音吃饭；鸭子们"嘎嘎"叫着在小溪里戏水；"汪汪汪⋯⋯"这是狗狗们在做游戏；小猫们则趴在地上慵懒地"喵喵"叫着⋯⋯真没想到，农场居然一下子变得这么热闹！我已经迫不及待要好好逛逛这里了！

小白兔的眼睛为什么是红色的？

皮毛颜色不同的兔子，眼睛的颜色也不一样。那是因为它们有的体内含有色素。含有灰色素的小兔，毛和眼睛是灰色的；含有黑色素的小兔，毛和眼睛是黑色的。小白兔的体内不含色素，它们的眼睛就是无色的。不过，眼球里本来就充满了红色血液，因此小白兔的眼睛就变成了"红眼睛"。

小兔子的耳朵为什么那么长？

小兔子的耳朵可真长呀，这长耳朵到底有什么用呢？其实，兔子是一种非常弱小的动物，常常会被食肉动物追捕。为了及早发现和躲避敌人，它们必须时刻警惕周围的动静，慢慢地，兔子的耳朵就越长越长，听觉也越来越灵敏了。

小兔子的耳朵有什么用处呢？

小兔子的耳朵除了听声音，还有其他用处。夏天天气热，小兔子就把长长的耳朵竖起来，散发身体里的热量；小兔子走路或跳跃的时候，由于耳朵长尾巴短，会有头重脚轻的情况，因此，兔子的耳朵还有帮助兔子保持平衡的作用。

为什么猪爱睡懒觉？

　　猪的大脑里有种物质叫"内啡肽"。内啡肽有麻醉作用，常常会使猪感到瞌睡。而且，猪身上的脂肪很厚，如果运动起来，猪身体的温度会很快升高。因此，除了吃食，猪更喜欢一动不动、舒舒服服地睡大觉。

48

为什么鸡不会游泳，鸭却会呢？

　　鸡和鸭都属于家禽，都有翅膀，但鸡不会游泳，鸭却会。这是为什么呢？原来，鸭的腿位于身体后部，趾之间还有蹼相连，就像小船桨一样可以划水；而且，鸭的尾部有一个发达的尾脂腺，能分泌出油脂，鸭用嘴将这些油脂涂在羽毛上，这样入水后羽毛就不会被浸湿，也不用担心在水中会沉下去。凭借这些优势，鸭当然会游泳喽！再看看鸡，它们的脚趾没有蹼，尾脂腺又不发达，一旦进入水中，羽毛就会被水浸透，很快就会沉入水底。

鸡和鸭为什么都飞不高？

鸟儿能在天上自由地翱翔，但同样长着翅膀的鸡、鸭为什么飞不高呢？原来，这是因为鸡和鸭的翅膀都退化了。很久以前，它们也是会飞的，只是被人们饲养后，它们就慢慢地变成了家禽，只会吃人们撒到地上的食物，不用飞也有吃有喝，时间久了，它们自然而然就不会飞了。

为什么雄鸡能报晓？

雄鸡真是勤快的动物。每天早上，它们准会发出"喔喔喔"的打鸣声，呼唤人们："美好的一天开始了，大家快起床吧！"你知道雄鸡为什么能每天报晓吗？这是因为雄鸡的大脑和小脑之间有个叫"松果腺"的内分泌器官，它是雄鸡的"生物钟"。松果腺一到晚上就会分泌出一种黑色紧张素，使雄鸡能够记忆明、暗的规律，进行周期性的鸣叫活动。

为什么母鸡下蛋时脸红扑扑的？

　　母鸡生蛋是很辛苦的事情，有时需要好几个小时才能生下一个蛋。母鸡的脸上分布着许多细小的血管，生蛋时，血液循环特别旺盛，母鸡的脸就会不由自主地涨得红扑扑的。

　　母鸡生蛋后会来回跑动，并"咯咯"地叫个不停。这是因为生蛋的过程很辛苦，所以母鸡生蛋后特别兴奋，就用"咯咯"的叫声来宣泄自己的情绪。

为什么狗常在地上嗅来嗅去？

狗喜欢到处嗅来嗅去，其实它们这是为了确定有没有其他狗在这里撒尿。许多宠物有"占地盘"的习惯，狗也是这样，一只狗在一个地方撒泡尿就表示这块地盘已经被它占领了，其他的狗不许待在这里。而且，狗通过嗅其他狗的尿，就能知道那条狗是大狗还是小狗，力气有没有自己大，如果占这块地盘的狗比它弱，它也会在这儿撒尿把地盘抢过来！

炎热的夏天，
狗狗为什么总爱吐舌头？

夏天，天气炎热，狗狗身上的毛很厚，它们又很爱运动，身体温度就会很高。汗腺是动物散发体内热量的重要器官。一般动物的汗腺都长在身体表面，狗狗的汗腺却长在舌头上。因此，狗狗觉得热时就会伸出长长的舌头来散发身体里多余的热量。

为什么猫喜欢吃老鼠？

猫真奇怪，白天不停地打瞌睡，到了晚上，人们都要上床睡觉了，猫却醒来了，伸伸懒腰，就不见踪影了！原来，猫又到老鼠的洞口守着，想吃老鼠肉啦！猫怎么这么喜欢吃老鼠呢？原来是因为老鼠的身体里含有大量的牛磺酸，吃了牛磺酸，可以提高视力。猫是一种夜间活动的动物，需要保持优秀的视力。因此，猫要经常抓老鼠吃以补充牛磺酸。

为什么猫常常用舌头舔身上的毛呢？

猫每天都要花很长时间舔自己的毛，看上去就像在给自己洗澡。不过，它们这样做并不仅是为了清洁，还可以补充营养。这是因为猫的皮毛里有一种东西被太阳一晒就能变成有营养的维生素。猫舔毛是为了吃维生素。

为什么猫的爪子特别锋利？

猫是一种非常漂亮、温和的动物，现在成为了许多家庭的宠物。可是，猫咪长着非常锋利的爪子，人一不小心就会被它抓破皮肤。虽然猫的爪子对人类很危险，但却是猫最重要的武器，它们抓老鼠、爬树都离不开爪子。猫的趾甲不断生长，每次新趾甲长出后磨一磨，爪子就会更加锋利。

为什么不能剪掉猫咪的胡子？

猫咪的胡子上有敏锐的神经，是它们重要的感觉器官。在黑暗中或狭窄的路上，猫咪只要微微地抽动胡须就可以探测道路上是否有阻碍，它们能否安全通过。猫咪一旦没有了胡子，抓老鼠时就无法测量老鼠洞的大小，也就不能灵活活动了。因此，胡子对猫咪来说非常重要，可不能剪掉。

为什么马要站着睡觉？

小朋友们可能已经发现了，马大多时间是站立的，即使睡觉也不例外。这是为什么呢？早在5000多年前，人们开始驯化野马来拉车、载人、载物。在这之前，马一直生活在野外。因为经常受到猛兽的袭击，它们又没有什么特殊本领保护自己，为了方便及时逃生所以即使休息时它们也不敢有丝毫的松懈，只能站着。久而久之，马就养成了站着睡觉的习惯。

为什么要给马钉马蹄铁？

马蹄的表面是一层角质物，就像人的指甲，很容易磨损。马每天要干很多活，走很长的路。如果经常在坚硬的地面行走，蹄甲很快就会被磨损，因此，必须要给马钉马蹄铁，保护马蹄。不过，因为马蹄甲上没有神经，所以人们给马钉马蹄铁的时候，马是不会感觉到疼的。

鸟儿天上飞

　　在鸟类的王国中，除了一些特别的成员外，大多鸟儿都是合格的"飞行员"。穿梭在城市中的燕子，栖居在森林里的啄木鸟，出没在湿地的丹顶鹤，活跃在大海上的海鸥……它们虽然分布在世界各地，却都在同一片天空下自由翱翔。现在，就让我们一起走进鸟类的世界吧！

电线上的鸟儿不怕触电吗？

　　鸟儿经常站在电线上休息，为什么不会触电呢？原来，小鸟的双脚是同时抓在一根电线上的，使得小鸟与电线并联。鸟儿双脚之间的距离很短，只有一小部分电流会从小鸟身上经过，大部分电流走的是电线这条"大路"。所以，鸟儿才会安然无恙。如果鸟儿两只脚同时分别站在不同的电线上，那就危险啦！

鸟儿在树上睡觉为什么不会掉下来？

　　鸟儿站在树上睡着了也不会掉下来。它们是怎样做到的呢？原来，鸟儿的爪子非常厉害，能够非常轻松地抓住树枝。同时，鸟儿还有聪明的大脑。睡觉时，大脑会控制鸟儿身体的平衡，不让鸟儿东倒西歪。这样一来，鸟儿就拥有在树上睡觉的本领啦！

59

奇怪，鸟儿为什么没有牙齿？

鸟儿的嘴巴大都尖尖的、硬硬的，那么鸟儿的嘴巴中有牙齿吗？告诉你吧，鸟儿是不长牙齿的。鸟儿为了飞行时能够保持身体平衡，需要尽量减轻身体的重量，因此头部不能太重。经过长时间的进化，鸟儿嘴巴里的牙齿就慢慢消失啦！

最小的鸟是什么鸟？

世界上最小的鸟是蜂鸟。蜂鸟的身体非常小，大脑只有一粒米那么大，鸟蛋只有豆粒般大小。我们如果不走近细看，就会以为它们是勤劳的小蜜蜂呢！

鸟蛋为什么是椭圆形的？

你有没有注意到，我们看到的鸟蛋都是椭圆形的？为什么鸟蛋会是这种形状呢？

这是因为椭圆形鸟蛋特有的球面可以将一个点上的压力分散开。这样一来，鸟妈妈在孵化后代的过程中就不易压碎鸟蛋了。

为什么有的鸟儿要飞到南方去？

每到秋天，大雁和野鸭等鸟儿就会大批向南迁徙。这是因为北方的冬季气候寒冷，食物匮乏。鸟儿为了躲避严寒，寻找食物，只得飞到气候相对温暖的南方越冬。因为路途遥远，它们只好在秋天的时候就动身。

大雁在飞行时为什么要排成"一"字或"人"字形？

秋天到了，大雁会飞去南方过冬。这时，我们会看到这样的场景：一群大雁排着队飞行，一会儿排成"一"字，一会儿排成"人"字，非常有秩序。小朋友一定会好奇地问："大雁为什么要排队飞行呢？"原来，鸟儿在飞行的时候，空气中会产生一种阻力。聪明的大雁排成"一"字或"人"字形飞行，就可以像针头一样把空气中的阻力"捅开"。这样一来，大雁飞行起来就会轻松很多，而且排成这样的队形，大家可以相互借力，以节省体力。

鹦鹉为什么会学人说话？

你听过鹦鹉学舌吗？你有没有想过，鹦鹉为什么会学人说话呢？原来，这与鹦鹉的身体构造有很大关系。在鹦鹉气管与支气管相交的地方，有一个叫鸣管的器官，它与我们声带的构造非常相似，所以能够发出与人声相近的声音。

燕子为什么喜欢在屋檐下筑巢？

燕子为什么喜欢在屋檐下筑巢呢？原来，屋檐不仅是天然避风港，可以很好地遮风避雨，还有一定高度。燕子把巢穴建在屋檐下，能保证后代的安全。

下雨前，燕子为什么飞得那么低？

每当快要下雨的时候，燕子就会飞得很低，有的燕子甚至会贴着地面飞行。燕子为什么要飞得这么低呢？原来，要下雨的时候，空气中的水分子增多，此时昆虫的翅膀会沾上小水滴，使得它们只能在离地面较近的地方飞行。燕子为了捕食这些昆虫，自然也就飞得很低啦！

丹顶鹤用一条腿站立，不累吗？

丹顶鹤的体形很大，可是它们却喜欢单腿站立，真奇怪！其实，丹顶鹤这么特立独行是有原因的。它们虽然有洁白的羽毛来保暖，可是腿脚却光秃秃的，很多热量会从腿脚处散失。为了尽量保持自己的体温，所以丹顶鹤只好将一条细长的腿藏在羽毛的下面。

猫头鹰是怎样睡觉的？

猫头鹰是一种喜欢在晚上出来活动的奇怪鸟类。那猫头鹰睡觉吗？答案显而易见，任何生物都需要休息，猫头鹰也一样。只不过猫头鹰是在白天休息。猫头鹰睡觉时警觉性非常强，为了避免受到敌人攻击，它们总是会用"睁一只眼，闭一只眼"的方式进行休息。怎么样，猫头鹰睡觉的方式很奇特吧？

67

为什么说啄木鸟是"森林医生"？

啄木鸟被称为"森林医生"，这是因为它们喜欢吃树干中的虫子。啄木鸟会用自己尖利的嘴巴去叩击树干，然后用长舌头将藏在树干中的虫子钩出来吃掉，进而保护树木不受害虫的侵蚀。

有关研究表明，一只啄木鸟通常一天能够吃掉成百上千条害虫呢！怎么样，啄木鸟无愧"森林医生"这个称号吧？

为什么信鸽不会迷路呢？

在古代，人们没有电话，也没有电脑，通信非常困难。为了送信，人们驯养了很多信鸽。信鸽非常聪明，无论路有多远，都不会迷路，能顺利地将信送到收信人手上。

为什么信鸽即使飞很远的距离也不会迷路呢？有些专家认为：信鸽不迷路的秘密就在其两眼之间的一个小突起上。这个小突起能够帮助信鸽测量地球磁场的变化，而信鸽就是靠着这个本领来辨别方向的。

为什么缝叶莺被称为"裁缝专家"？

缝叶莺是鸟类家族中有名的"裁缝"，这是因为它们独特的营巢方法。缝叶莺平时会用植物的纤维或者蜘蛛吐出来的丝等作线，用自己长长的嘴巴作针，配上灵活的爪子，将树叶缝在一起，制成叶囊，然后在囊底铺上柔软的棉絮、草和兽毛等物品，它们的巢就做好了。更让人惊讶的是，缝叶莺还能给线头打上结，以此来避免缝线松脱。所以，缝叶莺真是当之无愧的"裁缝专家"。

翠鸟为什么喜欢紧贴着水面飞行？

　　翠鸟是一种非常美丽的鸟，喜欢紧贴着水面飞行。它们为什么喜欢紧贴着水面飞行呢？翠鸟非常喜欢吃小鱼，紧贴着水面飞行，可以清晰地看到水中游动的小鱼，这样它们就可以找准时机下手，然后美餐一顿。所以，翠鸟贴着水面飞行，实际上是在寻找食物。

翠鸟捕食为什么能百发百中？

　　翠鸟捕食很少有失手的时候。这是因为它们的眼睛里有"滤光器"，可以轻松化解水的折射对视觉产生的误差，能清晰地看到水下的情况。到了水中，它们会将透明的眼皮闭合，以保护眼睛不受伤害。

航行的轮船周围为什么有很多海鸥？

海鸥喜欢跟着轮船飞，轮船航行到哪里，海鸥就会跟到哪里。这是因为航行的轮船上空会出现一股很强的上升气流。海鸥非常聪明，懂得借助这股上升气流飞行，这样能省下很多力气。此外，轮船在航行的过程中推进的螺旋桨有时候会打伤一些鱼虾，这些鱼虾便成了海鸥的美餐。

为什么海鸥被称为海上的"天气预报员"？

海鸥被称为海上的"天气预报员"，是因为它们能够预知大海的天气变化。当大海上空天气晴朗时，海鸥就会贴着海面飞行。当风暴来临时，海鸥就会跑到沙滩上或者石头缝中躲起来。如果船舶周围看不见海鸥，那说明天气也许就要变坏啦！

海鸥是怎么感知天气变化的呢？海鸥的骨骼构造非常特别，是空心管状的，里面有很多空气，就像我们使用的气压表一样。天气的变化会让海鸥骨骼里的气压发生变化。身体出现了变化，海鸥自然能感知到。也就是说，预报天气的其实是海鸥的骨骼。

海水咸咸的，为什么海鸟却可以喝呢？

我们知道海水是咸的，不适合饮用。可是，海鸟渴了却总是用海水解渴，难道它们不怕咸吗？不用担心，海鸟长着一种特殊器官——排盐腺。它们可以利用排盐腺把身体中的盐分排出体外。这样一来，海鸟就可以毫无顾忌地喝海水了。